Copyright © 2018 de Lenn Vincent GmbH.
Tutti i diritti riservati. Questo libro o parte di esso non può essere riprodotto o utilizzato in alcun modo senza l'espressa autorizzazione scritta dell'editore. fatta eccezione per l'uso di brevi citazioni in una rivista libraria.

ISBN 978-3-907098-54-7

www.leonardoleopardo.it

Leonardo Leopardo
E IL PROGETTO DI SCAMBIO GIOCATTOLI

Autore
MELANIE ROEMER

Illustrazioni di
JUN-PIERRE SHIOZAWA

Leonardo Leopardo è già in seconda elementare e ama la scuola, il più delle volte almeno. La signora Smith, la sua insegnante, ha sempre grandi progetti in mente con i bambini. Oggi il progetto parla di un periodo in cui non c'erano soldi e le cose venivano scambiate.

"Molto tempo fa, la gente non aveva soldi. A quel tempo, tuttavia, non era permesso loro di prendere ciò che gli piaceva. Le persone dovevano scambiarsi le cose".

"Come si scambiavano le cose"? chiede Leonardo. "Ad esempio si potevano scambiare le uova con farina o latte, o con il burro". "Come quando scambio il mio pane e formaggio con lo yogurt di Maya?" Chiede Leonardo. "Corretto, Leonardo," dice la signora Smith.

"Ma le persone dovevano avere qualcosa da scambiare per ottenere le cose che volevano. Sapete cosa vi serve, ad esempio, per avere le uova?"
"Le galline", risponde Maya.
"E avete bisogno di un pollaio", dice Elli Elefante.
"Giusto. E dovete nutrire i polli ogni giorno, pulire il pollaio, raccogliere le uova e così via", spiega la signora Smith.
Leonardo pensa. "E poi è possibile avere quello che si voleva per un uovo?"

"Non abbastanza. Per le piccole cose un uovo andava bene e per le cose grandi la gente ha dovuto raccogliere molte uova. Ad esempio Leonardo, cambieresti il tuo panino al formaggio con una delle fragole di Maya?" La signora Smith sorride a Leo.
"Hmm non lo so…. Amo le fragole, ma poi sarei ancora affamato" Leonardo e i suoi compagni ridono.
"Sono d'accordo! Dovresti solo scambiare il tuo panino con qualcosa che ti può riempire. Se lo trovi, hai trovato un partner di scambio adatto", spiega la signora Smith.

Leonardo ha un'idea. "Che ne dite dello scambio dei nostri giocattoli? La signora Smith sorride. Gli altri bambini mormorano e sono d'accordo con la proposta.
Maya continua: "Oh sì, questo potrebbe essere il nostro progetto di scambio giocattoli. Tutti portano i giocattoli che vorrebbero scambiare e quindi cercare un partner di scambio!"
Ai compagni di classe piace l'idea. Insieme, decidono di iniziare il progetto lunedì prossimo. La signora Smith scrive la data e il compito sul tabellone, poi suona la campanella." "Allora pensate allo scambio di giocattoli e divertitevi nel weekend ", dice la signora Smith ai bambini.

Il fine settimana passa in pochissimo tempo e Leonardo si diverte molto. La sera prima della scuola, Leonardo siede con Lilly sul divano e parlano tra loro.
"Lilly, domani avremo il nostro progetto di scambio giocattoli a scuola. Scambieremo i nostri giocattoli tra di noi".
"Sembra interessante. Cosa prenderai?" Improvvisamente, Leo si accorge di non aver ancora scelto alcun giocattolo per il progetto.
"Vieni Lilly, devo raccogliere i giocattoli". Leonardo prende Lilly per mano e cammina con lei nella sua camera.

Leonardo guarda i suoi giocattoli. "Oh guarda Lilly, il mio trenino giocattolo. Costruiamolo"! Leonardo dimentica quello che effettivamente voleva fare. Lilly diventa impaziente. "Guarda Leonardo, non hai più giocato con questa macchinina. Posso metterlo nel tuo zaino? No, è la mia macchinina, mi piace giocarci:" Leonardo prende l'auto dalle mani di Lilly e la mette al suo posto.

Leonardo vorrebbe tenere tutti i giocattoli. Ma si ricordò anche che voleva scambiare qualcosa a scuola. Ecco perché inizia a mettere nel suo zaino i giocattoli con i quali non ha più giocato da molto tempo. Così aumenta la curiosità su cosa possa scambiare con i suoi amati giocattoli il giorno dopo a scuola.

Il giorno dopo, Leo arriva presto a scuola. La signora Smith ha già preparato la classe per il progetto. Due bambini hanno un tavolo in comune e possono disporre i loro giocattoli. I bambini distribuiscono i loro giocattoli sui tavoli. "Che bei giocattoli", pensa Leo. "E' come un negozio di giocattoli"!
Leonardo immediatamente nota un salvadanaio che gli piace. Il salvadanaio è di Kimmy coccodrillo. Leonardo prende l'auto e corre da Kimmy. "Guarda, vorrei scambiare il tuo salvadanaio per la mia macchinina," Leo prende il salvadanaio. Ma Kimmy lo riprende. "No, Leonardo ".

Kimmy corre verso Maya e guarda il suo orsacchiotto. "Mi piacerebbe scambiare il mio salvadanaio con il tuo orsacchiotto!" Kimmy porge il suo salvadanaio a Maya per scambiarlo con il suo orsacchiotto.

Maya ha un'idea. Ha notato che Leonardo voleva il salvadanaio. "Che ne dici se tu prendi il mio orsacchiotto, io prendo l'auto di Leonardo e Leonardo il tuo salvadanaio"? Maya guarda i due sorridenti e strizza l'occhio a Leonardo. "Va bene, facciamo così!

Leonardo, Maya e Kimmy sono molto felici. Hanno concordato e trovato il partner giusto per lo scambio.

La signora Smith chiama i bambini insieme. "Quindi, ragazzi, vi è piaciuto il progetto di scambio giocattoli?" Tutti i bambini esultano "Sì"!
"Bene allora ditemi cosa avete imparato dal progetto?" Kimmy Coccodrillo inizia: "Ritornando ai tempi antichi, la gente non aveva soldi. All'epoca cercavano il partner di scambio per scambiare le cose". Elli Elefante continua: "Non è facile scambiare le cose tra loro. Devi parlare molto l'un l'altro fino a trovare il partner giusto per lo scambio". Leonardo continua "e a volte qualcuno vuole scambiare qualcosa che a l'altro non piace. Finendo per non scambiare nulla".
"Questo è tutto corretto," dice la signora Smith.

"E come è oggi"? chiede Kimmy coccodrillo. "Oggi scambiamo le cose con il denaro", spiega la signora Smith. "Quando andiamo in un negozio, scambiamo i nostri soldi per cose come giocattoli. Il negoziante ottiene soldi e noi otteniamo i giocattoli in cambio". Leonardo vuole saperne di più. "E da dove si ricava il denaro?"
"Bella domanda, Leonardo. Invece di allevare le galline per lo scambio delle uova, oggi si va a lavorare per guadagnare. Con questi soldi, ci scambieremo ciò di cui abbiamo bisogno e vogliamo ", spiega la signora Smith.

Alla fine della giornata, i bambini sono molto stanchi. È faticoso scambiare. Leonardo ha ottenuto un sacco di nuovi giocattoli, ma anche tenuto alcuni dei suoi giocattoli. È contento di quello che ha scambiato. Felice, torna a casa, attendendo con impazienza il prossimo grande progetto scolastico!